BEI GRIN MACHT SICH IHR WISSEN BEZAHLT

- Wir veröffentlichen Ihre Hausarbeit, Bachelor- und Masterarbeit

- Ihr eigenes eBook und Buch - weltweit in allen wichtigen Shops

- Verdienen Sie an jedem Verkauf

Jetzt bei www.GRIN.com hochladen und kostenlos publizieren

Dominik Lehmann

Analyse der Auswirkungen von Strukturanpassungsmaßnahmen des IWF in Südkorea während der Asienkrise unter besonderer Berücksichtigung der Unternehmensform des Chaebol

GRIN Verlag

Bibliografische Information der Deutschen Nationalbibliothek:

Die Deutsche Bibliothek verzeichnet diese Publikation in der Deutschen Nationalbibliografie; detaillierte bibliografische Daten sind im Internet über http://dnb.d-nb.de/ abrufbar.

Dieses Werk sowie alle darin enthaltenen einzelnen Beiträge und Abbildungen sind urheberrechtlich geschützt. Jede Verwertung, die nicht ausdrücklich vom Urheberrechtsschutz zugelassen ist, bedarf der vorherigen Zustimmung des Verlages. Das gilt insbesondere für Vervielfältigungen, Bearbeitungen, Übersetzungen, Mikroverfilmungen, Auswertungen durch Datenbanken und für die Einspeicherung und Verarbeitung in elektronische Systeme. Alle Rechte, auch die des auszugsweisen Nachdrucks, der fotomechanischen Wiedergabe (einschließlich Mikrokopie) sowie der Auswertung durch Datenbanken oder ähnliche Einrichtungen, vorbehalten.

Impressum:

Copyright © 2011 GRIN Verlag GmbH
Druck und Bindung: Books on Demand GmbH, Norderstedt Germany
ISBN: 978-3-656-11089-7

Dieses Buch bei GRIN:

http://www.grin.com/de/e-book/187624/analyse-der-auswirkungen-von-strukturanpassungsmassnahmen-des-iwf-in-suedkorea

GRIN - Your knowledge has value

Der GRIN Verlag publiziert seit 1998 wissenschaftliche Arbeiten von Studenten, Hochschullehrern und anderen Akademikern als eBook und gedrucktes Buch. Die Verlagswebsite www.grin.com ist die ideale Plattform zur Veröffentlichung von Hausarbeiten, Abschlussarbeiten, wissenschaftlichen Aufsätzen, Dissertationen und Fachbüchern.

Besuchen Sie uns im Internet:

http://www.grin.com/

http://www.facebook.com/grincom

http://www.twitter.com/grin_com

Staatliche Fachoberschule und Berufsoberschule

Ausbildungsrichtung Wirtschaft München

Schuljahr 2010/2011

Seminararbeit

Thema:

Analyse der Auswirkungen von Strukturanpassungsmaßnahmen des IWF in Südkorea während der Asienkrise unter besonderer Berücksichtigung der Unternehmensform des Chaebol

Name: Dominik Lehmann

Klasse: B13C

Im Schuljahr 2009/2010 besuchte Schule: -

Inhaltsverzeichnis

Inhaltsverzeichnis 2

Einleitung 3

1. Die wirtschaftliche Entwicklung Südkoreas 3
2. Die Chaebol 7
3. Südkorea in der Krise 9
   - 3.1. Ursache der Krise in Südkorea 12
   - 3.2. Das Hilfsprogramm des IWF 15
   - 3.3. Strukturanpassungsprogramme und deren Auswirkungen 15
     - 3.3.1. Umschuldung von Krediten und Reformierung des Finanzsektors 16
     - 3.3.2. Leistungs- und Handelsbilanz 20
     - 3.3.3. Arbeitsmarktflexibilisierung 23
4. Auswirkungen des SAP-Programms auf die Chaebol 25
   - 4.1. Strukturanpassungen innerhalb der Unternehmensfinanzierung 26
   - 4.2. Umstrukturierung des Unternehmenssektors 27
   - 4.3. Etablierung von Kontrollmechanismen 29
   - 4.4. Abhängigkeiten zwischen Politik und Chaebol 31

Schlusswort 32

Literaturverzeichnis 34

Einleitung

Im Zuge dieser Arbeit soll die 1997 über Südkorea hereinbrechende Finanzkrise zusammen mit der damit verbundenen Rettungsaktion des Internationalen Währungsfonds dargestellt und analysiert werden. Im Mittelpunkt stehen die zur Überwindung der Krise durchgeführten Reformen und deren Auswirkungen auf die koreanische Wirtschaft und Gesellschaft, unter besonderer Berücksichtigung der in Südkorea vorherrschenden Unternehmensform des Chaebol. Dazu wird in den ersten beiden Kapiteln einen kurze Einführung in die wirtschaftlichen Verhältnisse Koreas gegeben, um den Ursprung aber auch die Überwindung der Krise, die in Kapitel 3 dargestellt werden, besser nachvollziehen zu können. In Kapitel 4 wird gezeigt, wie Krise und Reformen die Unternehmenswelt der Chaebol verändert haben. Außerdem wird angestrebt, dem Leser kleine Einblicke in die koreanische Gesellschaft geben zu können, in eine Nation, die sich seit Ende des Koreakrieges mehr und mehr durch ihre wirtschaftliche Leistung definiert.

1. Die wirtschaftliche Entwicklung Südkoreas

Nachdem der Koreakrieg am 27. Juli 1953 durch einen Waffenstillstand sein Ende gefunden hatte, stand die Regierung der Republik Korea (im Folgenden auch Südkorea oder Korea genannt) mit Präsident Rhee Syngman[1] an der Spitze vor der Herausforderung, ein bis auf die Grundmauern zerstörtes Land wieder aufzubauen. Da die junge, vom Krieg zermürbte Nation weder auf reiche Bodenschätze noch auf ausreichende Kapitalrücklagen zurückgreifen konnte[2], war sie auf die Unterstützung der USA angewiesen, welche aufgrund der sicherheitspolitischen Lage des Kalten Kriegs hoch motiviert war[3], diese bereitzustellen. So unterstützte die USA Südkorea und damit ihre politischen Interessen allein in den Jahren 1945 bis 1965 mit ca. 12 Mrd. US-Dollar (im Folgenden US$ abgekürzt) und finanzierte damit in diesem

---

[1] Zur Schreibweise koreanischer Namen: Bei koreanischen Namen steht der einsilbige Familienname vor dem meist zweisilbigen Vornamen. So ist hier „Rhee" der Nachname und „Syngman" der Vorname.
[2] Vgl. Cumings, 2005, S. 300
[3] Vgl. Cumings, 2005, S. 305

Zeitraum über 80% der südkoreanischen Importe[4]. Die wirtschaftspolitische Absicht der USA in Korea war, die entstehende koreanische Volkswirtschaft mit der aufstrebenden japanischen zu verknüpfen, um das Wirtschaftswachstum der ehemaligen Kolonialmacht weiter zu gewährleisten und zu stabilisieren. Allerdings wollte Korea nicht ein weiteres Mal von Japan abhängig sein, sondern es diesem vielmehr gleichtun und zu einer eigenständigen Wirtschaftsmacht heranwachsen. Um dieses Ziel zu erreichen, verfolgte die koreanische Regierung in den 50er Jahren die Strategie einer importsubstituierenden Industrialisierung, die von einer überbewerteten Währung (Hwan, später Won) begünstigt wurde, da die im Wechsel zu Won-Darlehen erhaltene Finanzhilfe in US$ somit an Wert zunahm und dadurch das Importvolumen von Hilfsgütern maximiert werden konnte[5].

Mit dem 1961 herbeigeführten Regierungswechsel und der damit eingesetzten Militärregierung unter Park Chung Hee änderte sich auch die wirtschaftliche Ausrichtung Südkoreas. Nach anfänglichen antikapitalistischen Ausbrüchen wurde Park von einigen Wirtschaftsspitzen des Landes davon überzeugt, dass die Zukunft Koreas im Exportgeschäft liegt[6]. Daraufhin machte es sich Park zur Aufgabe, alle Voraussetzungen für eine exportorientierte Wirtschaft zu schaffen und diese größtmöglich zu fördern, womit er das koreanische Wirtschaftswunder in Gang setzte. Eine der ersten Reformen war die Verstaatlichung von Banken, mit der Absicht, eine reibungslose und unkomplizierte Kreditvergabe an Unternehmen zu gewährleisten, damit diese schnell in neue Wirtschaftszweige investieren und neue Projekte im Zuge der Industrialisierung verwirklichen konnten. Dadurch profitierten vor allem die Chaebol[7], denen nicht nur unkompliziert Kapital, sondern auch eine komplette Infrastruktur für neue Industrieanlagen, gut qualifizierte Arbeitskräfte und wirtschaftliche Rahmenbedingungen wie Steuerermäßigungen und Absatzwege zur Verfügung gestellt wurden[8]. Dies hatte jedoch auch zur Folge, dass die Unternehmen vom Staat abhängig waren und vorgegebene Ziele und staatliche Richtlinien einhalten mussten. Andernfalls liefen sie Gefahr, nicht mehr von staatlichen Subventionen

---

[4] Vgl. Cumings, 2005, S. 306
[5] Vgl. Woo, 1991, S. 63-64
[6] Vgl. Cumings, 2005, S. 312
[7] Koreanischer Mischkonzern, siehe hierzu Kapitel 2
[8] Vgl. Cumings, 2005, S. 316-317

profitieren zu können oder gar verstaatlicht zu werden[9]. Mitte der 60er Jahre ergaben sich hinzukommend zwei Ereignisse, von denen die koreanische Wirtschaft stark profitierte. Zum einen verbesserten sich die Beziehungen zu Japan, was mit der Zahlung von japanischen Reparationen in Form von Finanzhilfen (300 Mio. US$), Krediten (200 Mio. US$) und privaten Investitionen (300 Mio. US$) verbunden war (vgl. Exportvolumen Südkorea 1965: 200 Mio. US$), die Park u.a. in lang ersehnte moderne Infrastruktur- und Industrieprojekte investierte. Zum anderen war der Ausbruch des Vietnamkriegs von Vorteil, an dem sich auf Anfrage der USA auch Südkorea militärisch beteiligte. Korea erhielt dadurch nicht nur Zahlungen in astronomischer Höhe seitens der USA für die gesandten Truppen (bis 1970 1 Mrd. US$, was ca. 20% der Auslandeinkünfte ausmachte), sondern auch die Exportwirtschaft war Profiteur des Konflikts[10]. Nachdem die koreanische Wirtschaft seit Beginn der Amtszeit von Park Chung Hee jährlich um ca. 10% wuchs[11] verkündete er Anfang 1973, dass Korea ein Programm zum Aufbau einer Stahl- und Chemieindustrie starten wird mit dem Ziel, innerhalb eines Jahrzehnts das Exportvolumen und Pro-Kopf-Einkommen drastisch zu erhöhen. Dieses Programm wurde erfolgreich verwirklicht: In den nächsten zehn Jahren steigerte Korea seine Stahlproduktion um das Vierzehnfache und gewann darüber hinaus große Bedeutung in den Industrien des Schiffbaus, der Chemie, des Automobil- und Maschinenbaus sowie der Elektrotechnik[12]. Zu schaffen war dies durch die enge Zusammenarbeit zwischen Staat und Wirtschaft, einem Kostenvorteil gegenüber anderen exportierenden Industrienationen und einer hohen Produktivität. Diese Faktoren waren zu erreichen mit modernen Industrieanlagen, qualifizierten Fachkräften, einer ausgebauten Infrastruktur und langen Arbeitszeiten mit niedrigen Löhnen, welche auch von Gewerkschaften nicht angetastet oder kritisiert wurden, da Park diese schon zu Beginn seiner Amtszeit verbieten ließ[13]. Des Weiteren startete Park Anfang der 70er Jahre die sog. „*Saemaul* (übersetzt: neues Dorf) Bewegung", in deren Prozess Dörfer Baumaterialien und finanzielle Mittel von staatlicher Seite bereitgestellt bekamen, um damit Modernisierungen nach den jeweiligen Bedürfnissen

---

[9] Vgl. Breen, 2004, S. 136
[10] Vgl. Cumings, 2005, S. 321
[11] Vgl. Breen, 2004, S. 136
[12] Vgl. Cumings, 2005, S. 322
[13] Vgl. Cumings, 2005, S. 313, 316

innerhalb der Dorfgemeinschaft durchführen zu können mit dem Ziel, den Lebensstandard in ländlichen Gegenden zu erhöhen[14].

Obwohl all diese wirtschaftlichen und infrastrukturellen Reformen die Grundlage für ein unabhängiges und industriell starkes Korea schufen, hatte das Land Anfang der 80er Jahre, nach dem Tod von Park Chung Hee, mit seiner ersten Wirtschaftskrise zu kämpfen. Nachdem 1980 das Wirtschaftsvolumen um 8% zurückging, musste Südkorea die Hilfe von Japan und den USA in Form von Krediten in Anspruch nehmen, was die Öffnung des südkoreanischen Service- und Agrarmarktes zur Bedingung hatte[15]. Dadurch begann die Wirtschaft sich schon ab 1981 wieder zu erholen und es konnte bereits 1983 ein Wachstum in Höhe von über 12% verzeichnet werden. Diese Wachstumsrate blieb bis Ende der 80er Jahre weitgehend stabil, nahm dann aber leicht ab (siehe Abbildung 1)[16]. Mit dieser stetig wachsenden Wirtschaft, die hauptsächlich auf die hohe Exportleistung zurückzuführen ist, schaffte es Südkorea bis 1995 die elfgrößte Volkswirtschaft der Welt zu werden[17].

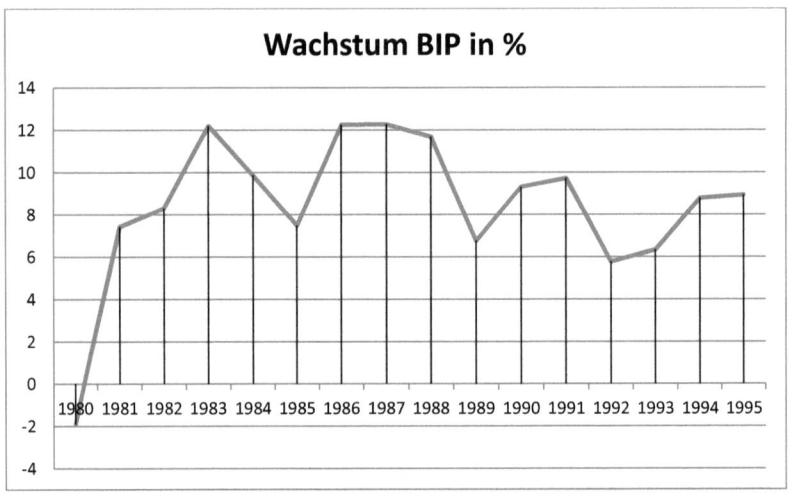

Abbildung 1 Wachstums des BIP Südkoreas in Prozent von 1980 bis 1995 (Eigendarstellung)[18]

---

[14] Vgl. Breen, 2004, S. 137
[15] Vgl. Cummings, 2005, S. 340
[16] Vgl. Cummings, 2005, S. 340
[17] Vgl. Kunkel, 1995
[18] IMF World Economic Outlook Data: April 2010 Edition

2. Die Chaebol

Eine der größten Besonderheiten innerhalb der koreanischen Volkswirtschaft sind die großen Wirtschaftskonglomerate, wie Samsung oder Lucky Goldstar (LG), welche die wirtschaftliche Entwicklung Südkoreas vorangetrieben und geprägt haben. Die unter dem Namen „Chaebol" (Hangul: 재벌) bekannten Unternehmen, was übersetzt „Vermögens-Clique" bedeutet[19], zeichnen sich vor allem durch die Charakteristik aus, dass sie von einer Familie gegründet wurden[20], welche auch heute oft noch die Mehrzahl der Unternehmensanteile und somit die Unternehmensführung innehat[21]. Ein weiteres auszeichnendes Element der Chaebol ist ihre ausgeprägte horizontale, vertikale und oft auch laterale Produktdiversifikation, mit der sie alle Märkte durchdringen und so oft mit einem Kraken verglichen werden[22]. Die erste Generation der Chaebol entwickelte sich nach Ende des Koreakriegs als regierungsnahe, ehemalige Großgrundbesitzer staatlich unterstützt wurden, um wieder eine koreanische Wirtschaft aufzubauen. So hatten sie zum einen die Möglichkeit, aus der japanischen Kolonialzeit (1905 - 1945) erhaltene Industrieanlagen günstig zu erwerben und zum anderen wurden sie von der Regierung mit Devisen versorgt, was ihnen u.a. den Import von Rohstoffen und Getreide ermöglichte. Diese Produkte veräußerten sie wiederum, erlaubt durch ihre Monopolstellung, zu überhöhten Preisen innerhalb des inländischen Marktes, wodurch es ihnen gelang, Kapital anzuhäufen und somit zu expandieren[23]. Die zweite Generation Chaebol hat ihren Ursprung in den 60er und 70er Jahren, im Zuge der wirtschaftlichen Reformen von Präsident Park Chung Hee. Bei seinen Bemühungen, die Industrie des Landes zu fördern, wurden Unternehmen nicht nur mit niedrigen Zinsen und einem von ausländischen Mitbewerbern geschützten Markt subventioniert, sondern die Regierung wählte auch gezielt neue Wirtschaftsbereiche aus, deren Produkte auf dem Weltmarkt profitversprechend waren und finanzierte die Produktion dieser mit. Sollte sich eine solche Prognose als falsch herausgestellt haben und ein Unternehmen war deshalb in finanzielle

---

[19] Vgl. Choe, 1996, S.10
[20] Vgl. Cummings, 2005, S. 327
[21] Vgl. Carney, 2008, S. 127
[22] Vgl. Ogle, 1990, S. 44
[23] Vgl. Carney, 2008, S.115-116

Schwierigkeiten gerieten, standen entsprechende Rettungspakte bereit[24]. Diese Politik brachte Unternehmer wie Kim Woo Chung hervor, der sich 1967 18.000 US$ von Familie und Freunden lieh und damit das Handelsunternehmen Daewoo gründete. Innerhalb von drei Jahrzehnten gelang es ihm mit Daewoo eines der größten Chaebol Südkoreas zu schaffen. 1997 hatte das Unternehmen ca. 250.000 Angestellte, 37 Tochtergesellschaften, 454 weltweite Niederlassungen und schaffte es 1996 mit einem Umsatz von 65 Mrd. US$ auf Platz 24 der „Fortune Global 500" Liste[25]. Durch die politische Förderung und das dadurch motivierte Eindringen in neue Märkte und Industriezweige hatten 1997 die 30 größten Chaebol insgesamt 804 Tochtergesellschaften in allen erdenklichen Wirtschaftszweigen. Die Daewoo Gruppe war z.B. in den Bereichen Handel, Baugewerbe, Hotel Management, Maschinenbau, Schiffsbau, Automobilherstellung, Elektrotechnik, Rüstung und Vermögensverwaltung mit seinen Tochtergesellschaften vertreten[26]. Ähnelte das Wirtschaftssystem Koreas in den 60er und 70er Jahren auch einer Planwirtschaft, erlaubte die Regierung den Chaebol große Gewinne zu erzielen, um damit weiterhin einen Anreiz zu geben und so die Industrialisierung voranzutreiben[27]. Dies änderte sich auch nicht grundlegend nach dem Tod Parks 1979. In den 80er und 90er Jahren sollte die Wirtschaft zwar liberalisiert werden und die staatliche Kontrolle abnehmen, allerdings wurde sie oft nur an eine andere Stelle verlagert. So wurden z.B. Subventionen für Kraftwerke gekürzt, allerdings andere Wirtschaftszweige, wie die Hightech Industrie, mit Forschungseinrichtungen unterstützt[28]. Ihr Wachstum finanzierten sich die Chaebol neben staatlichen Subventionen vor allem mit Krediten aus In- und Ausland, was spätestens 1997 ein Problem wurde als im Zuge der Finanz- und Wirtschaftskrise über die Hälfte der 30 größten Chaebol, darunter auch Daewoo, Konkurs anmelden mussten[29].

Mit den Chaebol schuf Südkorea eine Wirtschaftsform, die einzigartig auf der Welt ist. Die streng hierarchisch geführten Familienkonzerne, in deren Führungsstil sich die

---

[24] Vgl. Carney, 2008, S. 118-120
[25] Vgl. Breen, 2004, S. 146
[26] Vgl. Breen, 2004, S. 146
[27] Vgl. Carney, 2008, S. 123
[28] Vgl. Carney, 2008, S. 124
[29] Vgl. The Economist, 2010

konfuzianistisch geprägte Gesellschafts Koreas widerspiegelt, stellt die Wirtschaftselite des Landes dar, welche auch nicht davor zurückschreckt, Fusionierungen untereinander mit einer Heirat zu besiegeln[30]. In der Bevölkerung noch nie vorbehaltslos geliebt[31], verschlechterte sich das Ansehen der Chaebol in den letzten Jahren weiter, bedingt durch die 1997 über das Land hereinbrechende Finanzkrise und einigen Skandalen durch Korruption[32] und Veruntreuung. Dennoch, was gut für die Chaebol ist, ist gut für Südkorea. Alleine Samsung, das umsatzstärkste Chaebol, erwirtschaftete 2009 ca. 20% des koreanischen BIP und erwartet für das Jahr 2010 einen neuen Umsatzrekord mit 130 Mrd. US$[33].

3. Südkorea in der Krise

Beginnend mit der in Thailand durch Währungsspekulationen ausgelösten Asienkrise[34], welche sich in der zweiten Jahreshälfte von 1997 über weite Teile Südostasiens ausbreitete, verloren immer mehr Investoren ihr Vertrauen in die gesamte Region, was schließlich auch Südkorea nach Jahrzehnten des Wachstums in die schwerste Krise seit 1953 stürzte[35].

Während seit Anfang der 90er Jahre riesige Summen in die aufstrebenden sog. Tigerstaaten Asiens investiert wurden, endeten diese Zahlungen, nachdem 1995 der US$ massiv gegenüber dem Yen aufgewertet wurde. Dies hatte zur Folge, dass auch die an den US$ gekoppelten asiatischen Währungen, darunter auch der Won, an Wert zunahmen, wodurch koreanische Produkte auf dem Weltmarkt ihre Konkurrenzfähigkeit einbüßten. Anfang 1997 mussten die ersten großen koreanischen Unternehmen Konkurs anmelden, was noch mehr Unruhe in die Region brachte. Dieser Umstand veranlasste ausländische Gläubiger, fällige Kredite aus Südkorea abzuziehen und nicht wie erwartet zu verlängern. Durch diesen Kapitalabfluss waren die Devisenreserven Koreas bis Anfang November aufgebraucht und das Land war somit

---

[30] Vgl. Cummings, 2005, S. 327
[31] Vgl. Carney, 2008, S. 116
[32] Vgl. The Economist, 2008
[33] Vgl. The Economist, 2010
[34] Vgl. Cummings, 2005, S. 331
[35] Vgl. Kalinowski, 2005, S. 47-48

zahlungsunfähig. Um einen bevorstehenden Staatsbankrott abzuwenden, bat die koreanische Regierung als letzte Konsequenz den Internationalen Währungsfonds (im Folgenden IWF) um Hilfe in Form von Krediten[36], welche dieser unter strengen Auflagen am 04. Dezember 1997 gewährte. Das geschnürte Hilfspaket für Südkorea, das in Abschnitt 3.2 näher erläutert wird, hatte einen Umfang von insgesamt 58,4 Mrd. US$ und war die bis dahin größte Rettungsaktion in der Geschichte des IWF[37].

Um die benötigten Kredite zu erhalten, musste sich Südkorea gewissen Auflagen, sog. Strukturanpassungen (im Folgenden SAP), unterwerfen, die in den Augen des IWF notwendige Reformen in Geld- und Fiskalpolitik darstellen, um das entsprechende Land zu stabilisieren und somit aus der Krise zu führen. Das Hauptziel dabei ist, Rahmenbedingungen zu schaffen, um die von der Krise betroffene Volkswirtschaft wieder attraktiv für internationale Investoren zu machen und somit Kapitalgeber ins Land zu locken[38]. So enthielt der sog. *letter of intent* (im Folgenden LOI), welcher die informelle Basis der Vereinbarung zu den SAP zwischen Südkorea und dem IWF darstellt[39], Auflagen und Ziele wie die Stabilisierung des Finanzsektors, Abbau von Protektionismus oder Reform des Unternehmenssektors[40][41].

1998 war für Südkorea das schwierigste Jahr der Krise. Das BIP sank um ca. 5,7% (siehe Abbildung 3) und die Arbeitslosenquote stieg um 4,4% auf 7% (siehe Abbildung 2), was auch mit den SAP des IWF im Zusammenhang stand. Allerdings waren schon 1999 wieder klare Zeichen einer Erholung der Wirtschaft zu erkennen und ein baldiges Ende der Krise in Sicht. Das BIP stieg wieder um 10,7% an und im Jahr 2000 um weitere 8,8%. Auch die Devisenreserven, welche 1997 so gut wie aufgebraucht waren, verzeichneten 2000 wieder eine Höhe von 96 Mrd. US$. So wurde die Asienkrise von Südkorea am schnellsten und deutlichsten im Vergleich zu anderen betroffenen Ländern wie Thailand oder Malaysia überwunden[42].

---

[36] Vgl. Kalinowski, 2005, S. 48
[37] Vgl. Kalinowski, 2005, S. 69
[38] Vgl. Kalinowski, 2005, S. 30
[39] Vgl. Kalinowski, 2005, S. 67
[40] Vgl. Kalinowski, 2005, S. 27
[41] Die wichtigsten SAP werden in Abschnitt 3.3 dargestellt.
[42] Vgl. Kalinowski, 2005, S. 50

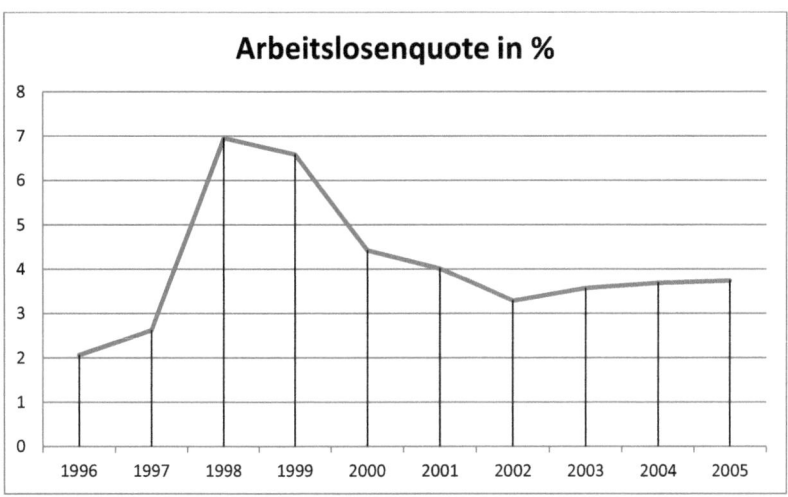

Abbildung 2 Arbeitslosenquote Südkoreas in Prozent von 1996 bis 2005 (Eigendarstellung)[43]

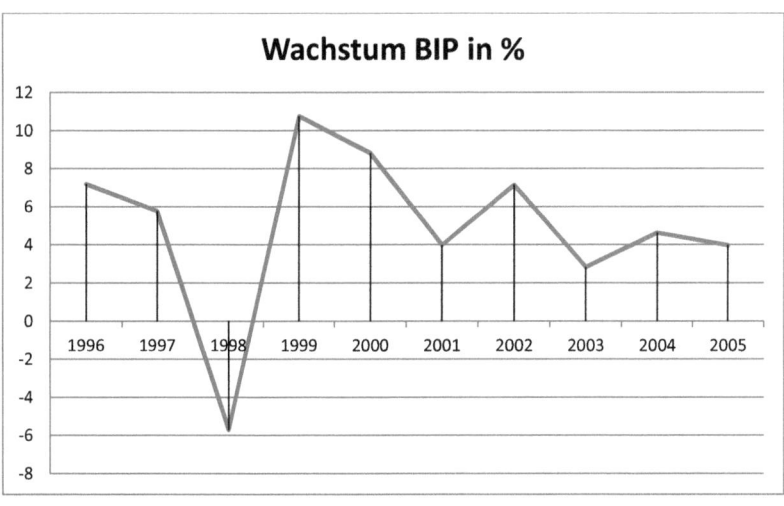

Abbildung 3 Wachstums des BIP Südkoreas in Prozent von 1996 bis 2005 (Eigendarstellung)[44]

---

[43] IMF World Economic Outlook Data: April 2010 Edition
[44] IMF World Economic Outlook Data: April 2010 Edition

In den folgenden Abschnitten wird im Detail dargestellt, welche Ursachen es für die Krise in Südkorea gab, wie die SAP des IWF zur schnellen Erholung der koreanischen Wirtschaft beitrugen und welche Auswirkungen diese auf die koreanische Wirtschaft und Gesellschaft hatten.

3.1. Ursache der Krise in Südkorea

Der ausschlaggebende Faktor für die Krise ist in Südkoreas wirtschaftlichen Beziehungen zum Ausland und somit in der Zahlungsbilanz, welche sich aus der Leistungs-, Kapital- und der Devisenbilanz zusammensetzt, zu finden. Kalinowski beschreibt den Umstand, der letztendlich zur Zahlungsunfähigkeit Koreas führte, als ein „Ungleichgewicht innerhalb der Zahlungsbilanz"[45], da die drei Unterbilanzen, die sich gegenseitig ausgleichen und somit „null" ergeben, zu große Differenzen zueinander aufwiesen. Obwohl sich Südkorea seit Beginn der 70er Jahre zu einer exportorientierten Wirtschaft entwickelt hat und auch als solche verstanden wird, überstiegen die Importe meist aufgrund des Bedarfs „der koreanischen Industrie an ausländischen Vorprodukten, Kapitalgütern und Technologie"[46] die Exporte bei weitem, was zu einem Leistungsbilanzdefizit führte. Dieses Defizit der Leistungsbilanz wurde durch einen Kapitalstrom aus dem Ausland kompensiert und befand sich bis Anfang der 90er Jahre in einem vertretbaren Zustand. Allerdings wurde 1993 durch eine Reform des neugewählten Präsidenten Kim Young Sam die Auslandsverschuldung erleichtert[47], was zur Folge hatte, dass sich der 1993 vorhandene Überschuss von 821 Mio. US$ innerhalb der Leistungsbilanz bis 1996 zu einem Defizit in Höhe von über 23 Mrd. US$ entwickelte (siehe Abbildung 4)[48].

---

[45] Kalinowski, 2005, S. 57
[46] Kalinowski, 2005, S. 58
[47] Vgl. Kalinowski, 2005, S. 58
[48] Bank of Korea, Online Datenbank

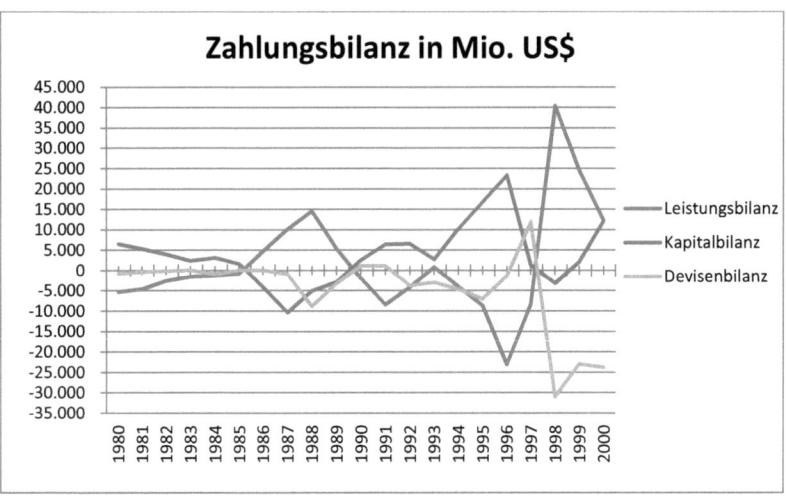

Abbildung 4 Zahlungsbilanz Koreas 1980 bis 2000 in Mio. US$ (Eigendarstellung)[49]

Nachdem ein Leistungsbilanzdefizit in Korea mehr die Regel als eine Ausnahme war, kann diese nicht allein als Ursache für die Krise angesehen werden. Zum Problem wurde die hohe Auslandsverschuldung, bzw. die Kapitalbilanz erst, als mit Beginn der Asienkrise in Thailand die ausländischen Investoren den Abzug ihres Kapitals aus Korea begannen. Da dieses Kapital sich hauptsächlich aus Krediten mit kurzer Laufzeit und Portfolioinvestitionen zusammensetzte, war es den Investoren möglich, ihr Kapital relativ kurzfristig abzuziehen, wodurch koreanische Unternehmen unter Druck gerieten, da sie mit dem ins Land gekommenen Kapital langfristige Direktinvestitionen im Ausland tätigten[50]. Durch diesen unausgewogenen Kapitalfluss, mit welchem kurzfristig in Südkorea aber langfristig ins Ausland investiert wurde, ergab sich im ersten Quartal 1996 ein Verhältnis der kurzfristigen Schulden zu den Devisenreserven von 180%, welches im vierten Quartal 1997 sogar auf 323% anstieg (siehe Abbildung 5)[51].

---

[49] Bank of Korea, Online Datenbank
[50] Vgl. Kalinowski, 2005, S. 64
[51] Bank of Korea, Online Datenbank

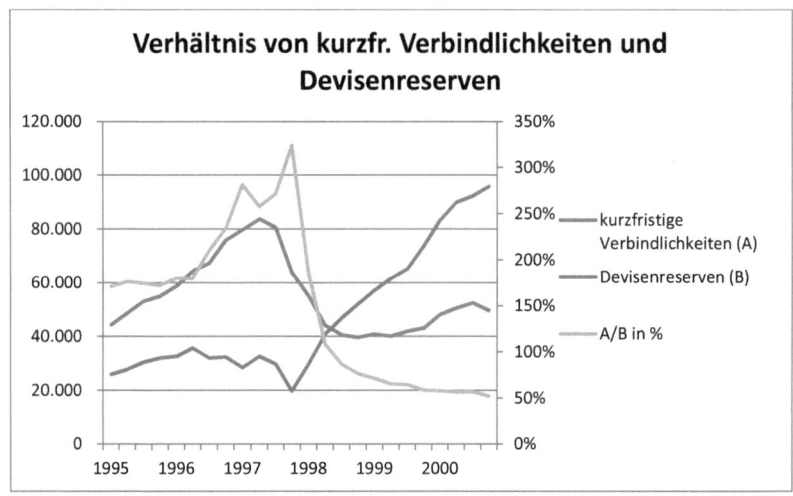

Abbildung 5 Verhältnis von kurzfristigen Auslandsverbindlichkeiten und Devisenreserven von 1995 bis 2000 (Eigendarstellung)[52]

Seit 1990 garantierte die koreanische Zentralbank einen festen Wechselkurs gegenüber dem US$[53], wodurch die abgezogenen kurzfristigen Kredite und Portfolioinvestitionen direkt die Devisenreserven Koreas schmälerten[54]. Dies und somit das unausgewogene Verhältnis zwischen Devisenreserven und kurzfristigen Auslandsverbindlichkeiten wurde Korea letztendlich zum Verhängnis, da sich die Devisenreserven Ende November 1997 immer schneller reduzierten. Bis Anfang Dezember waren die verfügbaren Reserven auf ca. 6 Mrd. US$ geschrumpft, während die Zentralbank ca. 1 Mrd. US$ pro Tag benötigte, um den Kapitalabfluss sowie den Wechselkurs gegenüber dem US$ aufrechtzuerhalten[55]. Südkorea konnte somit Ende November 1997 aufgrund fehlender Devisen seinen Auslandverbindlichkeiten nicht mehr nachkommen und war damit de facto zahlungsunfähig. Dies veranlasste die

---

[52] Bank of Korea, Online Datenbank
[53] Vgl. Kalinowski, 2005, S. 59
[54] Vgl. Kalinowski, 2005, S. 65
[55] Vgl. Kalinowski, 2005, S. 59

Regierung schließlich dazu, am 20. November den IWF um einen Rettungskredit, ein sog. *stand by arrangement* (im Folgenden SBA), zu bitten[56].

3.2. Das Hilfsprogramm des IWF

Mit dem am 20. November 1997 beim IWF eingereichten Hilfegesuch und den darauffolgenden Verhandlungen zwischen der südkoreanischen Regierung und dem IWF, konnten sich beide Parteien am 3. Dezember einigen, worauf am 4. Dezember ein Rettungspaket für die wirtschaftliche Stabilisierung Koreas bereitgestellt wurde. Dieses Rettungspaket, welches in seinem Umfang von 58,4 Mrd. US$ das bis dahin größte in der Geschichte war, wurde allerdings nicht vom IWF allein getragen, sondern setzte sich aus diversen Gläubigern zusammen. Der IWF stellte 21 Mrd. US$ in Sonderziehungsrechten (im Folgenden SZR) im Zuge seines SBA bereit, die Weltbank war mit 10 Mrd. US$ beteiligt und die Asian Development Bank mit 4 Mrd. US$. Der Rest setzte sich aus Krediten diverser Staaten zusammen, was insgesamt 23,4 Mrd. US$ ausmachte[57]. Die von Korea erhaltenen SZR des IWF entsprachen dem 19-fachen des Betrags, welchen Südkorea in die IWF Fonds einbezahlt hat[58] und zeigt somit, wie sehr der IWF von der Krise in Südkorea überrascht wurde.

Die im Zuge des IWF-Hilfsprogramms bereitgestellten Kredite wurden jedoch nicht auf einmal an Korea ausbezahlt, sondern es folgten innerhalb der ersten Hälfte des dreijährigen SAP-Programms insgesamt 19 Teilzahlungen, wobei die letzte am 20. Mai 1999 erfolgte. Obwohl Südkorea immer noch Zahlungen des IWF erhielt, wurde bereits im Dezember 1998 mit der Tilgung der Verbindlichkeiten gegenüber dem IWF begonnen und konnte am 23. August 2001 abgeschlossen werden. Die von Korea zu bezahlenden Gebühren der IWF Rettungsaktion betrugen insgesamt ca. 2 Mrd. US$ (1,5 Mrd. SZR).

3.3. Strukturanpassungsprogramme und deren Auswirkungen

Wie zu Beginn des Kapitels schon kurz erwähnt, kann die Auszahlung von Krediten des IWF abhängig von der Einhaltung der im LOI aufgeführten Ziele und Maßnahmen im Bereich der Fiskal- und Geldpolitik sein. Im Zuge des dreijährigen Hilfsprogramms des

---

[56] Vgl. Kalinowski, 2005, S. 68
[57] Vgl. IWF, 2000, S. 8
[58] Vgl. Kalinowski, 2005, S. 68

IWF in Südkorea gab es insgesamt neun LOI, in denen die Ziele und Vorgaben der SAP der aktuellen wirtschaftlichen Situation und Krisenentwicklung angepasst wurden. Der zeitliche Abstand, der zwischen den Veröffentlichungen der einzelnen LOI lag, vergrößerte sich im Laufe des Hilfsprogramms, da die Brisanz der Krise und somit die Notwendigkeit von Kontrolle abnahm[59]. Da die Darstellung und Bewertung aller verfolgten SAP während der Asienkrise in Südkorea über den Rahmen dieser Arbeit hinausgehen würde, konzentrieren sich die folgenden Ausführungen auf drei Bereiche des SAP-Programms, welche den größten Einfluss auf den Verlauf der Krise und damit auf die koreanische Gesellschaft hatten.

3.3.1. Umschuldung von Krediten und Reformierung des Finanzsektors

Wie schon in Abschnitt 3.1 erläutert, trugen Koreas kurzfristige Verbindlichkeiten gegenüber dem Ausland eine große Mitschuld an dem Ausbruch der Krise. Aufgrund dessen verfolgte der IWF das Ziel, den Kapitalstrom nach Südkorea nicht durch kurzfristige sondern durch langfristige Kredite, Staatsanleihen sowie Portfolio- und Direktinvestitionen zu finanzieren und damit die Devisenreserven des Landes wieder aufzustocken. Um internationale Investoren zu motivieren, ihr Kapital wieder in Südkorea anzulegen, musste zuallererst Vertrauen in das Land und in die Kreditnehmer hergestellt werden, was für den IWF oberste Priorität hatte.

Die erste Maßnahme hierfür waren die vom IWF bereitgestellten Hilfskredite und der damit verbundene sog. *bailout*, welcher dafür sorgte, dass die von der Krise betroffenen ausländischen Kreditgeber ihr Geld nicht verloren[60]. Ein weiterer Schritt war die Liberalisierung des Kreditmarktes. Konnten zuvor koreanische Unternehmen nur über koreanische Banken ausländische Kredite in Anspruch nehmen, so wurde ihnen nun die Möglichkeit gegeben, dies direkt zu tun. Der Vorteil davon war, dass die als immer noch wirtschaftlich gesund angesehenen Unternehmen weiterhin mit Kapital und Devisen versorgt werden konnten, was ihnen über den Umweg der koreanischen Banken oft nicht mehr möglich gewesen wäre[61]. Zu guter Letzt wirkte der

---

[59] Vgl. Kalinowski, 2005, S. 70
[60] Vgl. Kalinowski, 2005, S. 83
[61] Vgl. Kalinowski, 2005, S. 80-81

IWF als Vermittler, um noch laufende kurzfristige Verbindlichkeiten in langfristige umzuwandeln, das Kapital somit im Land zu behalten und die Liquidität Koreas aufrechtzuerhalten. Als Anreiz für die Umschuldung von kurz- zu langfristigen Verbindlichkeiten diente eine Zinserhöhung, die je nach Dauer der Verlängerung des Kredits gestaffelt wurde. Dies veranlasste immerhin die Gläubiger von 96% der Kredite, die insgesamt eine Höhe von 21,6 Mrd. US$ hatten, ihre Kredite um bis zu drei Jahre zu verlängern. Der sog. *bail-in* der Gläubiger ließ die langfristigen Verbindlichkeiten stark gegenüber den kurzfristigen anwachsen und war daher mit für die Erholung der koreanischen Wirtschaft verantwortlich, da diese nicht mehr dem hohen Druck bezüglich der Rückzahlung kurzfristiger Kredite ausgesetzt war und sprichwörtlich wieder Luft zum Atmen hatte[62].

Neben Maßnahmen, die der koreanischen Wirtschaft wieder Vertrauen verliehen, war es dem IWF wichtig, Finanzierungsarten zu fördern, welche für ausländische Investoren interessant, in ihren Eigenschaften jedoch in Krisenzeiten beständiger waren als kurzfristige Kredite. So wurde in den LOI vereinbart, Portfolio- und Direktinvestitionen in Zukunft liberaler für Ausländer zu gestalten. Zu Beginn der Krise im November 1997 konnten ausländische Investoren höchstens 26% der Aktien eines Unternehmens in ihrem Besitz haben, wobei die Höchstgrenze für den Einzelnen bei 7% lag. Diese Einschränkungen wurden aufgrund der Anregung des IWF während der ersten Krisenmonate bis Mai 1998 erst teilweise, dann komplett abgeschafft. Diese neue Freiheit für Geldgeber aus dem Ausland galt nun auch in gleicher Weise für Staats- und Unternehmensanleihen[63]. Obwohl durch diese neuen Richtlinien die Portfolio- und Direktinvestitionen einen Zuwachs verzeichneten und 1998 von der koreanischen Regierung zwei Staatsanleihen in Höhe von 4 Mrd. US$ erfolgreich veräußert werden konnten[64], reichte das neu in Korea eingeführte Kapital aufgrund des immer noch parallel anhaltenden Kapitalabflusses nicht aus, um Korea aus der Krise zu führen[65]. Den Unterschied machte erst die Exportorientierung der Wirtschaft, wie in Abschnitt 3.3.2 gezeigt wird.

---

[62] Vgl. Kalinowski, 2005, S. 83-85
[63] Vgl. Kalinowski, 2005, S. 87
[64] Vgl. Kalinowski, 2005, S. 89
[65] Vgl. Kalinowski, 2005, S. 91

Doch zuvor eine Darstellung, wie diese Maßnahmen des SAP-Programms und deren Auswirkungen den koreanischen Finanzsektor verändert haben und wie versucht wird, durch neue Kontrollmechanismen eine vergleichbare Krise zu verhindern.

Da die hohe Verschuldung von Unternehmen und Banken mit ausländischen Krediten ausschlaggebend für die koreanische Krise waren, standen Reformen im Finanzsektor im Mittelpunkt des dreijährigen SAP-Programms. Diese Verschuldung Koreas, welche 1997 das Ausmaß von 179% des BIP annahm[66], war vor allem auf die hohen Unternehmensschulden zurückzuführen, welche durch die teils verantwortungslose Kreditvergabe der Banken zustande kam. Banken handelten in dem Glauben, dass ihre an Unternehmen, vor allem aber an die Chaebol, vergebenen Kredite durch den Staat abgesichert seien. Dieser Glaube war das Resultat jahrzehntelanger, nur auf Wirtschaftswachstum ausgerichteter Politik des koreanischen Staates, der mit Subventionen und Garantien für Kredite einen stetigen Aufschwung gewährleisten wollte. Als dann jedoch 1997 das Undenkbare geschah und gleich zwei große Chaebol, Hanbo und Kia, Insolvenz anmelden mussten, wurde der koreanische Finanzsektor tief erschüttert und eine Welle von Unternehmens- und Bankzusammenbrüchen hatte begonnen (siehe Abbildung 7, Abschnitt 4.2). Mit der Insolvenz dieser Chaebol und den damit entstandenen „faulen" Krediten, wurde Unsicherheit in den Markt gebracht, woraufhin schließlich die ausländischen Investoren anfingen, ihr Kapital abzuziehen und damit Korea in die Krise führten[67].

Durch die Zahlungsunfähigkeit vieler Unternehmen kamen immer mehr Banken und sog. *non-bank financial institutions* (im Folgenden NBFI), wie Versicherungen und Handelsbanken, in Bedrängnis, wodurch der Staat schon vor Dezember 1997, dem Beginn des SAP-Programms, zum Handeln gezwungen war, um den Finanzsektor zu stabilisieren[68]. Als erste Maßnahme kündigte die Regierung im November 1997 an, eine Blankogarantie für die Ersparnisse der Bevölkerung zu übernehmen, damit diese nicht ihr Vertrauen in den Bankensektor verliert und versucht, ihre Ersparnisse in Fremdwährungen umzutauschen, was katastrophale Auswirkungen für das

---

[66] Vgl. Kalinowski, 2005, S. 113
[67] Vgl. Kalinowski, 2005, S. 114-116
[68] Vgl. Kalinowski, 2005, S. 116

Bankensystem und für die Währung Won gehabt hätte. Da die Bevölkerung dem Staat und dessen Garantie das nötige Vertrauen entgegenbrachte, konnte Schlimmeres, wie in anderen von der Asienkrise betroffenen Ländern, verhindert werden. Die später beschriebene Hochzinspolitik der neu geschaffenen Zentralbank erhöhte in den ersten Krisenjahren sogar die Sparquote[69]. Des Weiteren begann die Regierung damit, angeschlagene Finanzinstitute gezwungenermaßen zu verstaatlichen und daraufhin mit finanziell bessergestellten Banken oder NBFI zu fusionieren, was später auch Teil der SAP wurde[70].

Mit dem ersten LOI vom 03.12.1997 startete jedoch dann offiziell eine Umstrukturierung des koreanischen Finanzsektors. Die strukturellen Reformen hatten zum Ziel, neue staatliche Kontrollmechanismen zu etablieren, sowie die komplette Neuausrichtung des Finanzsektors weg von der staatlich gestützten Wachstumsorientierung hin zur Profitorientierung durchzusetzen, um so in Zukunft massive Überschuldungen der Unternehmen und Banken verhindern zu können[71]. Ende 1997 verabschiedete die Regierung mehrere Gesetze bezüglich der vereinbarten Reformen. So wurde die *Bank of Korea* als vom Staate unabhängige Zentralbank etabliert, allerdings ohne die Aufgabe der Finanzaufsicht. Diese fiel durch die *Financial Supervisiory Commission* (im Folgenden FSC) in den Aufgabenbereich des Premierministers und unterteilte sich wiederum in zwei Bereiche auf, den *Financial Supervisiory Service* (im Folgenden FSS) sowie die *Securities and Futures Commission* (im Folgenden SFC), welche für die Überwachung von Banken und Finanzinstitutionen bzw. für den Wertpapiermarkt zuständig sind[72]. Nach Gründung der Zentralbank verfolgte diese auf Drängen des IWF eine Hochzinspolitik, um so wieder ausländisches Kapital nach Korea holen. Jedoch war diese Strategie nur wenig erfolgreich. Die Unsicherheit der Investoren gegenüber dem koreanischen Markt wuchs dadurch noch weiter und die Kapitalbeschaffung für Unternehmen wurde erschwert, was zu weiteren Zahlungsunfähigkeiten führte[73].

---

[69] Vgl. Kalinowski, 2005, S. 117
[70] Vgl. Kalinowski, 2005, S. 118-119
[71] Vgl. Kalinowski, 2005, S. 119
[72] Vgl. Kalinowski, 2005, S. 119-120
[73] Vgl. Kalinowski, 2005, S. 74-75

Für Banken wurden außerdem neue Richtlinien im Bereich der Kreditvergabe festgelegt. So mussten sie nun sicherstellen, dass mindestens eine Eigenkapitalquote von 8% gegenüber den benötigten Krediten vorgewiesen werden konnte, um in Zukunft weniger anfällig für die Zahlungsschwierigkeiten ihrer Schuldner zu sein und somit neuen Finanzkrisen vorzubeugen. Bis dahin schafften es einige Banken nur auf eine Eigenkapitalquote von 1%, was ihnen in der Krise zum Verhängnis wurde. Außerdem wurden die Fristen für das Erstellen von Rücklagen von 180 auf 90 Tage verkürzt, sollte für einen Kredit die Gefahr bestehen, nicht mehr getilgt werden zu können[74]. Wie schon zuvor beschrieben, musste die Regierung zu Beginn der Krise zur Stabilisierung des Wirtschafts- und Finanzsektors einige Banken und NBFI verstaatlichen. Bis zum Jahr 2000 stieg der Anteil der Geschäftsbanken unter staatlicher Kontrolle sogar auf bis zu 54,3%, was seit 1996 einen Zuwachs von über 20% bedeutet. Allerdings wurde schon in einem LOI vom 07.02.1998 festgelegt, dass der Staat seine Bankenanteile zu veräußern hat, sollten die wirtschaftlichen Rahmenbedingungen eine Eindämmung von Verlusten gewährleisten. Dies stellte sich jedoch als schwierig heraus, da immer wieder neue wirtschaftliche Rückschläge bis ins Jahr 2003 die Nachfrage an entsprechenden Instituten gering hielt[75].

Die Stabilisierung und Reformierung des Finanzsektors kostete den Staat nach Berechnungen des IWF letztendlich einen Betrag von insgesamt 157 Billionen Won[76] und konnte erreichen, dass die Bevölkerung nicht den Glauben und das Vertrauen an Staat und Banken verlor, was ein erheblicher Faktor für die schnelle Erholung der koreanischen Volkswirtschaft darstellt. Das Ziel der Abschaffung von staatlichen Garantien und Hilfskrediten sowie die vom Staat unabhängige Wirtschaft, wie vom IWF gefordert, konnte, wie ich in Kapitel 4 zeigen werde, nicht vollständig erreicht werden.

3.3.2. Leistungs- und Handelsbilanz

Mit eine Ursache der Finanzkrise war die Wechselkursbindung des koreanischen Won an den US$, da mit der Aufwertung des US$ die Aufrechterhaltung des festen Wechselkurses die Devisenreserven des Landes immer schneller aufbrauchte.

---

[74] Vgl. Kalinowski, 2005, S. 120-121
[75] Vgl. Kalinowski, 2005, S. 123-126
[76] Vgl. Kalinowski, 2005, S. 122

Deswegen war die Entkopplung der beiden Währungen mit einer der ersten Punkte innerhalb des LOI. Nachdem es schon in den Monaten vor der Krise eine leichte Flexibilisierung des Wechselkurses gab, wurde die Kopplung zum US$ Mitte Dezember 1997 schließlich ganz abgeschafft, was zu einer massiven Abwertung des Won führte (siehe Abbildung 6)[77]. Dies stellte zum einen ein großes Problem für Unternehmen und Banken dar, da durch den schwachen Won deren in Fremdwährung aufgenommene Kredite sowie der Import von Rohstoffen und Vorprodukten massiv verteuert wurden. Andererseits war der niedrige Wechselkurs des Won auch maßgeblich für Koreas Weg aus der Krise.

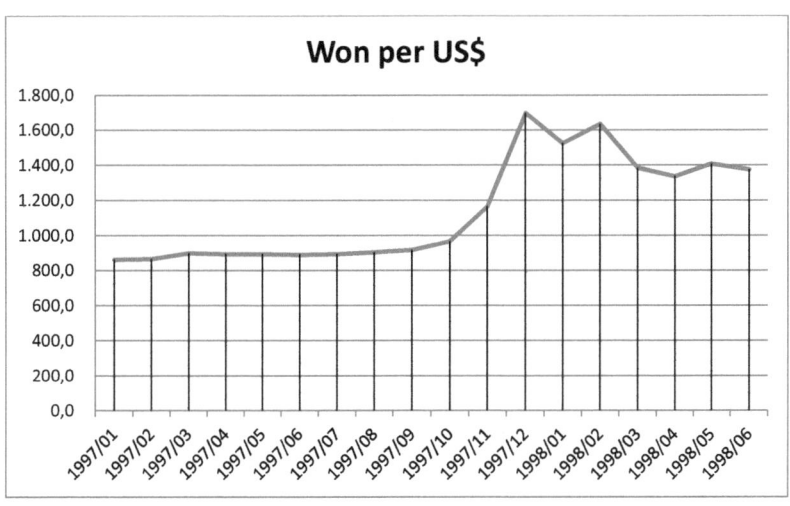

Abbildung 6 Won per US-Dollar von 01.1997 bis 06.1998 (Eigendarstellung)[78]

Aufgrund des schwachen Won und gesunkenen Löhnen, auf welche in Abschnitt 4.3 noch einmal im Detail eingegangen wird, gewannen koreanische Produkte auf dem Weltmarkt an Konkurrenzfähigkeit, wodurch es der koreanischen Industrie gelang, das wertmäßige Exportvolumen durch eine größere Menge an exportierten Gütern

---

[77] Vgl. Kalinowski, 2005, S. 61
[78] Bank of Korea, Online Datenbank

aufrecht zu erhalten. Hingegen ließ die Nachfrage an Konsumgütern in Südkorea immer weiter nach. Dies lag zum einen an der wechselkursbedingten Verteuerung ausländischer Produkte, die dadurch an Attraktivität verloren, und zum anderen an der schlechten Wirtschaftslage, wodurch viele Koreaner gezwungen waren, ihre Konsumausgaben zu reduzieren. All dies führte zu einem Handelsbilanzüberschuss, was einen großen Teil zur Wiederauffüllung der Devisenreserven beitrug. So gelang es Korea bis 1998 wieder, einen Überschuss von 40,4 Mrd. US$ innerhalb der Leistungsbilanz zu erwirtschaften, wohingegen 1996 noch ein Leistungsbilanzdefizit von 23 Mrd. US$ herrschte (siehe Abbildung 4)[79].

Allerdings bringt die auf den Schultern des Exports aufgebaute Wirtschaft auch Risiken und Gefahren mit sich. Korea macht sich dadurch stark vom Weltmarkt und somit von der Konjunktur einiger weniger Länder, wie der USA und China abhängig[80]. Des Weiteren ist Korea aufgrund seines Chaebol-Systems auf die Exporte weniger Unternehmen angewiesen. So war 2002 alleine Koreas größtes Chaebol Samsung für 14,5 % des koreanischen Exports verantwortlich[81]. Wie groß Koreas Abhängigkeit vom Weltmarkt ist, lässt sich anhand des Offenheitsgrads erkennen, welcher sich durch folgende Formel berechnen lässt:

$$\text{Offenheitsgrad} = \frac{(Exporte + Importe) * 100}{BIP}$$

So war Koreas Wirtschaft im Jahr 2000, als die Krise schon so gut wie überwunden war, zu 62% vom Weltmarkt abhängig, was sich bis 2009 auf 82% steigerte. Vergleichsweise hatte die BRD in diesen Jahren einen Offenheitsgrad von 55% bzw. 62%[82].

Neben den Reformen zur Förderung des Exports beinhalteten die LOI auch Strukturreformen zur Handelsliberalisierung und so zur Abschaffung der letzten Barrieren für ausländische Produkte und Dienstleistungen, wie Zölle und Importdiversifizierung. Dies hatte allerdings nur geringe Auswirkungen auf das Konsumverhalten der Koreaner, die während der Finanzkrise ein starkes National- und

---

[79] Vgl. Kalinowski, 2005, S. 91-94
[80] Vgl. Kalinowski, 2005, S. 102-107
[81] Vgl. Kalinowski, 2005, S. 109
[82] Eigenberechnung nach Bank of Korea, Online Datenbank

somit Zusammengehörigkeitsgefühlt entwickelten und deswegen fast ausschließlich zu koreanischen Produkten griffen[83].

3.3.3. Arbeitsmarktflexibilisierung

Der letzte Unterpunkt dieses Kapitels ist den Veränderungen aufgrund des SAP-Programms innerhalb des Arbeitsmarktes gewidmet, dem dadurch entstandenen Sozialsystem und welche Auswirkungen diese beiden Faktoren auf die koreanische Gesellschaft hatten.

Damit Unternehmen die durch die Krise nötig gewordenen Rationalisierungen und Einsparungen unkomplizierter durchführen konnten als noch in den Jahren zuvor, beschäftigte sich ein Teil der SAP mit der Flexibilisierung des Arbeitsmarktes und im Zuge dessen mit der Etablierung eines gestärkten Sozialsystems, um für Unternehmen entsprechende Entlassungen so konfliktarm wie möglich zu gestalten.

„The capacity of the new Employment Insurance system will be strengthened to facilitate the redeployment of labor, in parallel with further steps to improve labor market flexibility."

-LOI, 03.12.1997

In den Jahren vor der Finanzkrise war die Gesetzeslage bezüglich der Auflösung von Arbeitsverhältnissen nicht eindeutig genug, was neben der Politik der Gewerkschaften und der familiären koreanischen Unternehmenskultur Kündigungen erschwerte[84]. Dies sollte sich allerdings nun durch das SAP-Programm ändern. Demnach waren betriebsbedingte Kündigungen nun ausdrücklich erlaubt[85], was die Arbeitslosenquote, welche bis dahin in Korea aufgrund des hohen Wirtschaftswachstums nie ein Problem darstellte, von 2% im Jahr 1996 auf 6,95% im Jahr 1998 ansteigen ließ. Allerdings erholte sie sich zusammen mit der Gesamtwirtschaft wieder, nahm stetig ab und erreichte seitdem kein ähnlich hohes Niveau mehr (siehe Abbildung 3, Kapitel 3). Allerdings änderten sich die Arbeitsplätze in ihrer Qualität. Arbeitnehmer, welche dieser Reform nicht zum Opfer fielen und weiterhin in einem Beschäftigungsverhältnis waren, wurden mit Lohnkürzungen und Arbeitszeitverlängerungen konfrontiert. So

---

[83] Vgl. Kalinowski, 2005, S. 99-102
[84] Vgl. Kalinowski, 2005, S. 173-174
[85] LOI vom 07.02.1998

wurde die maximale Arbeitszeit pro Woche von maximal 44 Stunden auf 56 Stunden und pro Tag von 8 auf 12 Stunden hochgesetzt[86], wohingegen die Realeinkommen nach einem Einbruch 1998 erst wieder 2001 das Niveau vor der Krise erreichten[87]. Auch änderte sich die Art vieler Arbeitsverhältnisse. Bis ins Jahr 2000 steigerte sich die Zahl von Arbeitnehmern mit Zeitarbeitsverträgen und Tagelöhnern auf einen Anteil von 52% der Beschäftigten[88], was dem Vierfachen des OECD-Durchschnitts[89] entspricht. Außerdem enthielten die Reformen im Arbeitsmarkt Maßnahmen, welche den Einfluss der Gewerkschaften schmälerte und die Durchführung von Streiks erschwerte[90]. Dies hinderte jedoch die Gewerkschaften nicht daran, die Anzahl der Arbeitskämpfe bis zum Jahr 2000 auf das Dreifache des Vorkrisenniveaus anwachsen zu lassen[91]. Allerdings wurden die meisten dieser Streiks als illegal angesehen, wodurch es vermehrt zu starken Auseinandersetzungen mit der Polizei kam[92].

Das im Gegenzug der Arbeitsmarktflexibilisierung eingeführte Sozialsystem, was eine Arbeitslosen-, Kranken-, Unfall- und Rentenversicherung sowie ein Sozialhilfeprogramm enthielt, war nur bedingt erfolgreich und kann in seinem Umfang nicht mit dem Deutschlands verglichen werden. So gab Südkorea im Jahr 2000 am Ende der Krise 5% seines BIP für Soziales aus, Deutschland hingegen 26,2%[93]. Im Zuge des SAP-Programms stand die Etablierung einer Arbeitslosenversicherung an erster Stelle, um eventuelle Kündigungen aufzufangen. Da aber im Jahr 2000 höchstens 900.000 Won pro Monat ausbezahlt wurden, was einen Betrag unterhalb der minimalen Lebenshaltungskosten darstellte, und das für einen Zeitraum von maximal 240 Tagen[94], konnte die Arbeitslosenversicherung nicht als ein robustes Auffangnetz angesehen werden. Ähnlich verhielt es sich für die anderen Bereiche der

---

[86] Vgl. Kalinowski, 2005, S. 178, Tabelle 5.2
[87] Vgl. Kalinowski, 2005, S. 189
[88] Vgl. Kalinowski, 2005, S. 200
[89] OECD = Organization for Economic Co-operation and Development
[90] Vgl. Kalinowski, 2005, S. 178 Tabelle 5.2
[91] Vgl. Kalinowski, 2005, S. 205
[92] Vgl. Kalinowski, 2005, S. 207-210
[93] OECD, Social Expenditure Database
[94] Vgl. Kalinowski, 2005, S. 215

Sozialversicherung, wodurch die Familie nach wie vor die wichtigste soziale Absicherung in Korea war[95].

Die Finanz- und Wirtschaftskrise in Korea löste nicht - wie von manchen befürchtet - eine Massenarbeitslosigkeit aus und es folgten auch keine drastischen Einschnitte in der Lebensqualität. Allerdings wurden viele Rationalisierungen innerhalb der Krise auf den Schultern der Arbeitnehmer ausgetragen, die sich mit Lohneinbußen, verlängerter Arbeitszeit und teilweise auch Arbeitsverlust arrangieren mussten. Diese Herausforderungen konnten auch von dem neu eingeführtem Sozialsystem nur bis zu einem gewissen Grad erleichtert werden.

Weitere Reformen durch das SAP-Programm fanden innerhalb des Unternehmenssektors, im Besonderen bei den Chaebol statt. Da diese Arbeit den krisen- und reformbedingten Veränderungen innerhalb der Chaebol und den dadurch entstandenen Auswirkungen auf Wirtschaft, Politik und Gesellschaft ein besonderes Augenmerk widmen möchte, findet eine Beschreibung und Analyse hierfür in dem eigens dafür vorgesehenen nächsten Kapitel statt.

4. Auswirkungen des SAP-Programms auf die Chaebol

Die Familienkonglomerate Koreas prägten durch ihre Größe und ihren Einfluss nicht nur den wirtschaftlichen Aufstieg Südkoreas, sondern als Kern der koreanischen Volkswirtschaft ebenso die 1997 über das Land hereinbrechende Finanz- und Wirtschaftskrise. Aufgrund ihrer Mitschuld an der Krise standen die Chaebol unter besonderer Berücksichtigung innerhalb des SAP-Programms des IWF, welches diesbezüglich vorsah, den Einflussbereich der Chaebol auf die Wirtschaft, aber auch auf die koreanische Politik zu verringern und neue Kontrollmechanismen einzuführen, um die Krisenanfälligkeit der Chaebol zu reduzieren. Die dafür vorgesehenen Kernreformen der Regierung, deren Auswirkungen und wie weit diese mit den Vorstellungen des IWF übereinstimmen, wird in den folgenden Abschnitten dargestellt.

---

[95] Vgl. Kalinowski, 2005, S. 217

4.1. Strukturanpassungen innerhalb der Unternehmensfinanzierung

Wie bereits in den vorherigen Kapiteln beschrieben, war die hohe Verschuldung der Chaebol mit eine der Hauptursachen für die Krise. Die durchschnittliche Verschuldung, bezogen auf das Eigenkapital, lag bei den 30 größten Chaebol im Jahr 1997 bei 519%[96], wobei die Quote bei einigen sogar über 3000% betrug[97]. Dies war das Resultat der Wirtschaftspolitik von Kim Young Sam, der Anfang der 90er Jahre die Kreditvergabe an Unternehmen liberalisierte, allerdings dem keine entsprechenden Kontrollmechanismen entgegenstellte, wodurch die Chaebol fast ungeachtet ihrer Liquidität Fremdkapital von den Banken erhielten. Um diesem Problem Einhalt zu gebieten, einigten sich im Dezember 1998 die fünf größten und damit systemrelevanten Chaebol (Hyundai, Samsung, Daewoo, LG und SK[98]), welche zu dieser Zeit im Durchschnitt eine Verschuldungsquote von 479% hatten[99], mit der Regierung, diese Quote jeweils bis Ende 1999 auf unter 200% zu senken[100]. Bis auf Daewoo, das Mitte 1999 Konkurs anmelden musste, konnten alle Chaebol dieses Ziel erreichen, allerdings nur nach den alten Bilanzierungsregeln. Denn um mehr Transparenz in den Verschuldungsgrad der Chaebol zu bringen, forderte der FSS[101] im August 2000 von den 16 größten Chaebol einen Unternehmensbericht, in dem die Bilanzen aller dem Chaebol zugehörigen Unternehmen als eine Einheit betrachtet werden. Daraufhin hatte nur noch Samsung mit einer Verschuldungsrate von 194% das vorgegebene Limit unterschritten[102]. Die Chaebol erreichten die Reduzierung ihrer Verschuldungsrate jedoch nicht mit dem Abbau von Fremdkapital, sondern hauptsächlich indem sie ihr Eigenkapital mit ausländischen Investitionen und Verkäufen von Aktien und Unternehmensanleihen vergrößerten. Diese Strategie könnte so weit als erfolgreich betrachtet werden, allerdings wurde ein großer Teil der Aktien von eigenen Tochtergesellschaften gekauft. Wohingegen die Kreditvergabe innerhalb der

---

[96] Vgl. Kalinowski, 2005, S. 140
[97] Vgl. Kalinowski, 2005, S. 147, Tabelle 4.4
[98] Vgl. Samsung Economic Research Institute (SERI), 2001, S. 76
[99] Eigenberechnung nach Kalinowski, 2005, S. 147, Tabelle 4.4
[100] Vgl. IWF, 2000, S. 106
[101] Siehe Kapitel 3.3.1
[102] Vgl. IWF, 2001, S. 121

Unternehmen eines Chaebol nicht mehr möglich war[103], konnten sie aufgrund eines Erlasses der FTC[104] wieder Aktien eines angeschlossenen Unternehmens erwerben[105].

4.2. Umstrukturierung des Unternehmenssektors

Koreas Wirtschaftspolitik der letzten Dekaden beruhte auf dem Prinzip des Wachstums, weniger auf dem der Profitabilität. Dies zusammen mit einem Staat, der großzügig mit Kreditgarantien und *bailouts* umging, war der Grund für nach wie vor existierende Unternehmen, die es wegen ihrer Unwirtschaftlichkeit so nicht mehr geben dürfte[106]. So verwunderte es nicht, dass während der Krise die Zahl der Unternehmensinsolvenzen stark anstieg und im Jahr 1998 ihren Höhepunkt erreichte (siehe Abbildung 7). Um das Vertrauen der Investoren zu stärken und damit Unternehmensverkäufe und Fusionierungen zwischen finanzschwachen und finanzstarken Unternehmen zu fördern[107], legte der IWF im LOI vom 24.12.1997 fest, dass das Insolvenzrecht entbürokratisiert werden muss. Das neue Insolvenzrecht trat im Februar 1998 in Kraft und enthielt folgende Änderungen:

- Der Gläubiger oder das Gläubigerkomitee, muss nun bei allen wichtigen Vorkommnissen vom zuständigen Insolvenzverwalter informiert werden.
- Zu Beginn von Restrukturierungsmaßnamen eines Insolvenzverfahrens wird durch einen Test deren Durchführbarkeit geprüft.
- Die im Zuge des Insolvenzverfahrens durchzuführende Restrukturierung des Unternehmens muss spätestens einen Monat nach Insolvenzantrag beginnen und dürfen höchstens 18 Monate andauern.
- Schlugen die Restrukturierungsmaßnahmen fehl, bedeutet dies die Insolvenz des Unternehmens.
- Eine eigens für Insolvenzen zuständige Sonderkammer am Bezirksgericht Seoul wird gegründet.[108]

---

[103] Vgl. Kalinowski, 2005, S. 141
[104] Siehe Kapitel 3.3.1
[105] Vgl. IWF, 2000, S. 107
[106] Vgl. Kalinowski, 2005, S. 143-144
[107] Vgl. Kalinowski, 2005, S. 145
[108] Vgl. IWF, 2000, S. 101

Abbildung 7 Zahl der jährlichen Unternehmensinsolvenzen in Südkorea von 1990 bis 2002 (Eigendarstellung)[109]

Um die Strukturreformen innerhalb des koreanischen Unternehmenssektors effektiv gestalten zu können, teilten die Behörden die Unternehmen anhand der Größe ihres Kapitals in drei Gruppen ein. An der Spitze standen die schon vorher erwähnten fünf größten Chaebol, die einen großen Einfluss auf die Wirtschaft und Finanzen des Landes hatten. Die Plätze 6 bis 64 repräsentierten kleinere Chaebol, die zusammen allerdings genug Schulden aufweisen konnten, um für die wirtschaftliche Stabilität des Landes eine Gefahr darzustellen. Am Ende standen die restlichen kleinen und mittleren Unternehmen (im Folgenden KMU)[110]. Im Folgenden werde ich Strukturreformen der Regierung innerhalb dieser Unternehmensgruppen vorstellen.

Um der Forderung des IWF nach einer Konzentration auf das Kerngeschäft der Chaebol nachzukommen[111], einigte sich die Regierung mit den großen fünf Chaebol im Juli 1998 auf den sog. „Big Deal". Bei diesem sollten die Chaebol ihre Tochtergesellschaften aus neun verschiedenen Branchen untereinander austauschen, um vorhandene Überkapazitäten, vor allem der Chemie- und Schwerindustrie, abzubauen und somit

---

[109] Kalinowski, 2005, S. 339, Tabelle A.23
[110] Vgl. IWF, 2000, S. 102
[111] Vgl. Kalinowski, 2005, S. 148

insgesamt Kosten zu sparen[112]. Obwohl das Ziel des „Big Deals" absolut im Sinne des IWF war, übte er schwere Kritik an dessen Durchführung, da diese der Führung des Staates unterlag und nicht, wie vom IWF gewünscht, marktgesteuert war. Das Ergebnis des „Big Deals" war nur bedingt zufriedenstellend, da es zu keinem Tausch von Unternehmen gekommen ist, sondern nur zu einigen Unternehmensübernahmen von Hyundai. Allerdings konnten im Zuge des Programms die Lohnkosten und Schulden um 13,8% bzw. 25,8% gesenkt werden, womit ein Teilerfolg erzielt wurde[113].

Für die kleineren Chaebol und KMU wurde das sog. „Workout Program" geschaffen, das eine Vereinbarung zwischen den ins Programm geholten Unternehmen und ihren Gläubigern war. So erhielten die Unternehmen von den Gläubigern Umschuldungen, niedrigere Zinsen und neue Kredite im Gegenzug der Verpflichtung, sich Umstrukturierungs- und Rationalisierungsmaßnahmen zu unterziehen und Schulden in Unternehmensbeteiligungen umzuwandeln[114]. Von den 83 Unternehmen, die im Juni 1998 an dem Programm teilnahmen, konnten 55 davon Ende 2002 dieses erfolgreich verlassen. Bei den restlichen 28 Unternehmen wurden 16 aus dem Programm ausgeschlossen, wohingegen die anderen 12 bis auf weiteres Teil des Programms blieben[115].

4.3. Etablierung von Kontrollmechanismen

Wie schon in Kapitel 2 beschrieben werden fast alle Chaebol von dem Gründer selbst oder von dessen Familie geleitet, wodurch aufgrund der Größe der Chaebol die wirtschaftliche Macht in Korea eine hohe Konzentration aufweist. Dies zeigt sich an folgenden Zahlen: So besitzen die 15 reichsten Familien Koreas 69% der Unternehmen, 18% der Banken und 45% der NBFI. Bis Anfang der 90er Jahre und vor den Reformen von Kim Young Sam wurden die Chaebol und deren wirtschaftlicher Weg von der Regierung kontrolliert und überwacht, was nun aber nicht mehr der Fall war. Die Chaebol hatten durch Kims eingeleitete Wirtschaftsliberalisierung mehr Gestaltungsfreiheit, die sie auch nutzten, sich dadurch aber auch hoch verschuldeten. Wie sich durch die Krise zeigte, war der Erfolg oder das Scheitern der koreanischen

---

[112] Vgl. SERI, 2001, S. 106
[113] Vgl. Kalinowski, 2005, S. 148
[114] Vgl. Kalinowski, 2005, S. 145
[115] Vgl. SERI, 2003, S. 260

Volkswirtschaft unter anderem von den Entscheidungen weniger „Chaebol-Familien" abhängig. Sie verfolgten auch unwirtschaftliche Strategien, wie z.b. eine weltweite Expansion ihres Chaebol, die nur ihrem Wachstum dienten. Dieser Einfluss von Wenigen sollte durch das SAP-Programm, nämlich mit der Etablierung neuer Kontrollmechanismen, begrenzt werden[116]. Die beiden Wesentlichen werden im Folgenden beschrieben.

Eine Maßnahme zur Machtbegrenzung der Chaebol-Eliten war die Stärkung der Rechte von Minderheitsaktionären, welche bis dahin z.b. keinen Einblick in die wirtschaftliche Stellung des Chaebol hatten, wodurch langfristige Investitionen wenig attraktiv waren. Damit ein Unternehmen in Zukunft dazu gezwungen war profitorientierter zu operieren, enthielt das SAP-Programm Reformen, durch die den Minderheitsaktionären mehr Einfluss zugestanden wurde[117]. So konnten die Aktionäre nun mit einem geringeren Stimmanteil als zuvor Kontrollfunktion ausüben. Zum Beispiel war für die Einsicht in die Bilanzen anstatt 3% nur noch ein Stimmanteil von 0,1% nötig. Ähnliche Herabsetzungen gab es für das Recht, das Management eines Börsenunternehmens zu verklagen oder für den Antrag, einen Direktor zu entlassen[118]. Allerdings machten die Aktionäre nur wenig Gebrauch von ihren neuen Rechten. Bei entsprechenden Konflikten verkauften sie ihre Anteile oder ließen es durch nur sehr kurzfristiges Spekulieren erst gar nicht zu solchen kommen[119].

Ein weiterer Schritt, um mehr Kontrolle über die Aktionen der Chaebol zu bekommen, war die eingeführte Regelung, dass alle an der koreanischen Börse notierten Unternehmen in ihren Vorstand externe Direktoren, die nicht aus dem Unternehmen selbst stammen, zu berufen haben. Nach Ende des Geschäftsjahres 1998 musste dies nur einer sein, mit Ablauf des Geschäftsjahres 1999 hatte der Vorstand zu mindestens einem Viertel aus externen Direktoren zu bestehen. Eine zu erfüllende Voraussetzung derer war, nicht dieselben Interessen wie die Hauptaktionäre zu haben[120]. Obwohl die Regelung entsprechend vollzogen und von den Unternehmen angenommen wurde

---

[116] Vgl. Kalinowski, 2005, S. 151-154
[117] Vgl. Kalinowski, 2005, S. 154
[118] Vgl. Kalinowski, 2005, S. 155, Tabelle 4.8
[119] Vgl. Kalinowski, 2005, S. 156
[120] Vgl. Kalinowski, 2005, S. 157

- im Jahr 2000 bestand der Vorstand der 693 börsennotierten Unternehmen im Schnitt zu 30,9% aus externen Mitgliedern[121] - war deren Erfolg nur begrenzt. Die externen Direktoren stimmten mit einer Rate von 81,5% den Entscheidungen des Managements zu und nahmen im Jahr 2000 an nur 53,5% der Sitzungen teil. Ein Grund dafür könnte die geringe Erfahrung der externen Direktoren gewesen sein, da nur 30% von ihnen aus der Wirtschaft kamen[122].

4.4. Abhängigkeiten zwischen Politik und Chaebol

Wie bereits in den ersten beiden Kapiteln beschrieben, haben die Chaebol mit dem Staat und somit mit der Regierung ein traditionell enges Verhältnis. Die Chaebol führten das durch, was die Regierungen planten. Diese Vorgehensweise gab den Chaebol die wirtschaftliche aber auch politische Macht, da sich zwischen Chaebol und Staat eine gegenseitige Abhängigkeit bildete. Wie in Abschnitt 4.1 erläutert, war die hohe Verschuldung der Chaebol, die nur wegen der Staatsgarantien zustande kommen konnte, ein Hauptproblem der Krise. Deswegen machte es sich der IWF zur Aufgabe die freie Markwirtschaft in Korea zu fördern und wies innerhalb der LOI bei den SAP immer wieder auf deren Markorientierung hin[123]. Nachdem während der Krise einige Chaebol wie Daewoo oder Kia auseinanderbrachen, glaubte die Wirtschaftswelt tatsächlich daran, dass es in Zukunft keine Rettungskredite der koreanischen Regierung mehr geben wird. Allerdings hielt dieser Glaube nur so lange, bis 2003 mit der Kreditkartenkrise, deren Ursache in einer massiven privaten Verschuldung lag, ein staatlicher *bailout* bei LG-Card stattfand. Dies zeigt, dass die Regierung der koreanischen Volkswirtschaft zu Gunsten der Staatsstabilität keinen weiteren Zusammenbruch eines Chaebol zumuten möchte[124]. Aber nicht nur für in Zahlungsschwierigkeiten gekommene Chaebol gibt es eine Abhängigkeit vom Staat, sondern diese existiert entgegengesetzt auch für den Staat selbst. So sind Regierungen, aufgrund einer fehlenden Parteienlandschaft allein wegen der Wahlfinanzierung durch Spenden - von denen mehr als genug gebraucht werden - auf die Chaebol angewiesen, was von vielen Bürgern und NGOs als Gefährdung für die

---
[121] Vgl. SERI, 2001, S. 94
[122] Vgl. SERI, 2001, S. 95
[123] Vgl. Kalinowski, 2005, S. 165
[124] Vgl. Kalinowski, 2005, S. 164-165

Demokratie angesehen wird[125]. Aber auch in der Tagespolitik spielen die Chaebol eine große Rolle. So ist das Treffen der Regierungsoberhäupter beider koreanischer Staaten im Jahr 2000 nur zustande gekommen, nachdem Hyundai Nordkorea 100 Mio. US$ zukommen ließ und noch weitere 400 Mio. US$ in den stalinistischen Bruderstaat investierte[126]. Und zu guter Letzt kann mit jedem neuen Korruptionsskandal, in den der Staat mit den Chaebol verwickelt ist, nachvollzogen werden wie gut oder eben schlecht deren Beziehungen zueinander sind.

Zum Schluss dieses Kapitels kann gesagt werden, dass die Chaebol auch nach der Krise und dem SAP-Programm des IWF weiterhin eine dominante Stellung in Korea für sich beanspruchen, sei es in der Wirtschaft oder in der Politik. Untersuchungen nach der Krise ergaben, dass durch die Reformen die Schere zwischen profitablen und unprofitablen Chaebol weiter auseinanderging, wodurch einige „Superchaebol" wie Samsung entstanden[127], von deren wirtschaftlichem Erfolg auch der Erfolg des Landes abhängig ist.

Schlusswort

Der IWF bewahrte durch seinen *bailout* Südkorea vor dem Staatsbankrott und es konnten ebenfalls durch dessen Drängen längst überfällige Reformen, wie die Einführung eines Sozialsystems und die Schaffung von mehr Transparenz innerhalb des Unternehmenssektors, im Zuge des SAP-Programms durchgeführt werden. Allerdings gab es z.B. mit der Hochzinspolitik auch Maßnahmen, welche die Krise in ihrer Intensivität noch verstärkten. Die Hauptstrategie des IWF, nämlich durch verbesserte Bedingungen für ausländische Investoren wieder Kapital ins Land zu bringen, trug nur einen kleinen Teil zur Erholung Südkoreas bei. Viel mehr war es die schon vorhandene exportorientierte Industrie, welche sich durch harte Rationalisierungsmaßnamen wieder erholen und so die benötigten Devisen erwirtschaften konnte. Ein weiterer Faktor, ohne den Korea die Krise nicht hätte überwinden können, war seine Bevölkerung, die dem Staat fast ausnahmslos vertraute und in Krisenzeiten sogar ihr

---

[125] Vgl. Kalinowski, 2005, S. 258-259
[126] Vgl. Kalinowski, 2005, S. 261
[127] Vgl. Kalinowski, 2005, S. 160-162

Gold zur Stabilisierung des Finanzsystems gegen einen schwachen Won tauschte[128]. Auch die Einschnitte innerhalb des Arbeitsmarktes und somit in ihrer Lebensqualität nahmen die Koreaner ohne größere Konflikte auf sich. Ein anderes Ziel des IWF wie die Machtbegrenzung der Chaebol in Politik und Wirtschaft kann, wie in Kapital 4 zu lesen ist, als gescheitert betrachtet werden. Der Einfluss der Chaebol ist nach der Krise sogar noch größer.

Den Erfolg für den *bailout* Koreas konnte der IWF nur verzeichnen, da alle nötigen Voraussetzungen und die Bereitschaft des koreanischen Volkes zur Überwindung der Krise vorhanden waren. Es wäre falsch, einzig dem IWF die Anerkennung dafür zukommen zu lassen, denn schließlich ist es auch die Arbeit und der Verdienst der südkoreanischen Bevölkerung, dass Korea heute wieder zu den großen Volkswirtschaften dieser Welt zählt.

---

[128] Vgl. Kalinowski, 2005, S. 91-92

Literaturverzeichnis

The Bank of Korea	The Bank of Korea. *Economic Statistics System.* Online in Internet; *http://ecos.bok.or.kr/EIndex_en.jsp*
Breen, 2004	Breen, Michael. *The Koreans. Who They Are, What They Want, Where Their Future Lies.* New York: 2004.
Carney, 2008	Carney, Michael. *Asian Business Groups. Context, governance and performance.* Oxford: 2008.
Choe, 1996	Choe, Sang-hun. *Koreanische Mischkonzerne (Chaebols). Werdegang, Struktur und Industrialisierung am Beispiel Samsungs.* Aachen: 1996.
Cumings, 2005	Cumings, Bruce. *Korea's Place in the Sun. A Modern History.* New York: 2005.
Internationaler Währungsfonds (IWF)	IWF. *IMF World Economic Outlook Data: April 2010 Edition.* Online in Internet; *http://www.imf.org/external/pubs/ft/weo/20 10/01/weodata/index.aspx*
Internationaler Währungsfonds (IWF), 2000	IWF. *Republic of Korea: Economic and Policy Developments.* Washington D.C.: 2000.
Internationaler Währungsfonds (IWF), 2001	IWF. *Republic of Korea: Selected Issues.* Washington D.C.: 2001.
Kalinowski, 2005	Kalinowski, Thomas. *Der Internationale Währungsfonds in Südkorea. Strukturanpassung und Reformen seit der Asienkrise.* Hamburg: 2005.

Kunkel, 1995	Kunkel, Rolf. „Die Sieger von Morgen." In: *FOCUS Magazin* (22.10.1995). Online in Internet; http://www.focus.de/panorama/reportage/suedkorea-die-sieger-von-morgen_aid_155730.html
Organization for Economic Co-operation and Development (OECDE)	OECD. *Social Expenditure Database*. Online in Internet; http://www.oecd.org/document/9/0,3343,en_2649_34637_38141385_1_1_1_1,00.html
Ogle, 1990	Ogle, George E.; *South Korea. Dissent within the Economic Miracle*. London: 1990.
Republik Korea, 1997	Republik Korea. *Letter of Intent*. Seoul: 03.12.1997.
Republik Korea, 1998	Republik Korea. *Letter of Intent*. Seoul: 02.05.1998.
Samsung Economic Research Institute (SERI), 2001	SERI. *Three Years after the IMF Bailout. A Review of the Korean Economy's Transformation since 1998*. Seoul: 2001.
Samsung Economic Research Institute (SERI), 2003	SERI. *Post-Crisis Transformation of the Korean Economy. A Review from 1998 to 2002*. Seoul: 2003.
The Economist, 2008	The Economist. "Lee bows out. A giant South Korean conglomerate is shaken by corruption charges." In: *The Economist Online* (24.04.2008).
The Economist, 2010	The Economist. "Return of the overlord. A tycoon comes back as the savior of Samsung Electronics, leader of South Korea's remarkable business success. But where's the crisis?" In: *The Economist Online* (31.03.2010).
Woo, 1991	Woo, Jung-en. *Race to the Swift: State and Finance in Korean Industrialization*. New York: 1991.